Learn Portuguese with Beginner Stories 3

HypLern Interlinear Project
www.hyplern.com

First edition: 2025, September

Author: Various
Translation: Kees van den End
Foreword: Camilo Andrés Bonilla Carvajal PhD

ISBN: 978-1-989643-01-3

kees@hyplern.com
www.hyplern.com

Learn Portuguese with Beginner Stories 3

Interlinear Portuguese to English

Author
Various

Translation
Kees van den End

HypLern Interlinear Project
www.hyplern.com

The HypLern Method

Learning a foreign language should not mean leafing through page after page in a bilingual dictionary until one's fingertips begin to hurt. Quite the contrary, through everyday language use, friendly reading, and direct exposure to the language we can get well on our way towards mastery of the vocabulary and grammar needed to read native texts. In this manner, learners can be successful in the foreign language without too much study of grammar paradigms or rules. Indeed, Seneca expresses in his sixth epistle that "Longum iter est per praecepta, breve et efficax per exempla[1]."

The HypLern series constitutes an effort to provide a highly effective tool for experiential foreign language learning. Those who are genuinely interested in utilizing original literary works to learn a foreign language do not have to use conventional graded texts or adapted versions for novice readers. The former only distort the actual essence of literary works, while the latter are highly reduced in vocabulary and relevant content. This collection aims to bring the lively experience of reading stories as directly told by their very authors to foreign language learners.

Most excited adult language learners will at some point seek their teachers' guidance on the process of learning to read in the foreign language rather than seeking out external opinions. However, both teachers and learners lack a general reading technique or strategy. Oftentimes, students undertake the reading task equipped with nothing more than a bilingual dictionary, a grammar book, and lots of courage. These efforts often end in frustration as the student builds mis-constructed nonsensical sentences after many hours spent on an aimless translation drill.

Consequently, we have decided to develop this series of interlinear translations intended to afford a comprehensive edition of unabridged texts. These texts are presented as they were originally written with no changes in word choice or order. As a result, we have a translated piece conveying the true meaning under every word from the original work. Our readers receive then two books in just one volume: the original version and its translation.

The reading task is no longer a laborious exercise of patiently decoding unclear and seemingly complex paragraphs. What's more, reading becomes an enjoyable and meaningful process of cultural, philosophical and linguistic learning. Independent learners can then acquire expressions and vocabulary while understanding pragmatic and socio-cultural dimensions of the target language by reading in it rather than reading about it.

Our proposal, however, does not claim to be a novelty. Interlinear translation is as old as the Spanish tongue, e.g. "glosses of [Saint] Emilianus", interlinear bibles in Old German, and of course James Hamilton's work in the 1800s. About the latter, we remind the readers, that as a revolutionary freethinker he promoted the publication of Greco-Roman classic works and further pieces in diverse languages. His effort, such as ours, sought to lighten the exhausting task of looking words up in large glossaries as an educational practice: "if there is any thing which fills reflecting men with melancholy and regret, it is the waste of mortal time, parental money, and puerile happiness, in the present method of pursuing Latin and Greek[2]".

Additionally, another influential figure in the same line of thought as Hamilton was John Locke. Locke was also the philosopher and translator of the Fabulae AEsopi in an interlinear plan. In 1600, he was already suggesting that interlinear texts, everyday communication, and use of the target language could be the most appropriate ways to achieve language learning:

> ...the true and genuine Way, and that which I would propose, not only as the easiest and best, wherein a Child might, without pains or Chiding, get a Language which others are wont to be whipt for at School six or seven Years together...[3]

---

1 "The journey is long through precepts, but brief and effective through examples". Seneca, Lucius Annaeus. (1961) Ad Lucilium Epistulae Morales, vol. I. London: W. Heinemann.

2 In: Hamilton, James (1829?) History, principles, practice and results of the Hamiltonian system, with answers to the Edinburgh and Westminster reviews; A lecture delivered at Liverpool; and instructions for the use of the books published on the system. Londres: W. Aylott and Co., 8, Pater Noster Row. p. 29.

3 In: Locke, John. (1693) Some thoughts concerning education. Londres: A. and J. Churchill. pp. 196-7.

Who can benefit from this edition?

We identify three kinds of readers, namely, those who take this work as a search tool, those who want to learn a language by reading authentic materials, and those attempting to read writers in their original language. The HypLern collection constitutes a very effective instrument for all of them.

1. For the first target audience, this edition represents a search tool to connect their mother tongue with that of the writer's. Therefore, they have the opportunity to read over an original literary work in an enriching and certain manner.
2. For the second group, reading every word or idiomatic expression in its actual context of use will yield a strong association between the form, the collocation, and the context. This will have a direct impact on long term learning of passive vocabulary, gradually building genuine reading ability in the original language. This book is an ideal companion not only to independent learners but also to those who take lessons with a teacher. At the same time, the continuous feeling of achievement produced during the process of reading original authors both stimulates and empowers the learner to study[1].
3. Finally, the third kind of reader will notice the same benefits as the previous ones. The proximity of a word and its translation in our interlinear texts is a step further from other collections, such as the Loeb Classical Library. Although their works might be considered the most famous in this genre, the presentation of texts on opposite pages hinders the immediate link between words and their semantic equivalence in our native tongue (or one we have a strong mastery of).

---

1 Some further ways of using the present work include:

1. As you progress through the stories, focus less on the lower line (the English translation). Instead, try to read through the upper line, staying in the foreign language as long as possible.
2. Even if you find glosses or explanatory footnotes about the mechanics of the language, you should make your own hypotheses on word formation and syntactical functions in a sentence. Feel confident about inferring your own language rules and test them progressively. You can also take notes concerning those idiomatic expressions or special language usage that calls your attention for later study.
3. As soon as you finish each text, check the reading in the original version (with no interlinear or parallel translation). This will fulfil the main goal of this

collection: bridging the gap between readers and original literary works, training them to read directly and independently.

Why interlinear?

Conventionally speaking, tiresome reading in tricky and exhausting circumstances has been the common definition of learning by texts. This collection offers a friendly reading format where the language is not a stumbling block anymore. Contrastively, our collection presents a language as a vehicle through which readers can attain and understand their authors' written ideas.

While learning to read, most people are urged to use the dictionary and distinguish words from multiple entries. We help readers skip this step by providing the proper translation based on the surrounding context. In so doing, readers have the chance to invest energy and time in understanding the text and learning vocabulary; they read quickly and easily like a skilled horseman cantering through a book.

Thereby we stress the fact that our proposal is not new at all. Others have tried the same before, coming up with evident and substantial outcomes. Certainly, we are not pioneers in designing interlinear texts. Nonetheless, we are nowadays the only, and doubtless, the best, in providing you with interlinear foreign language texts.

Handling instructions

Using this book is very easy. Each text should be read at least three times in order to explore the whole potential of the method. The first phase is devoted to comparing words in the foreign language to those in the mother tongue. This is to say, the upper line is contrasted to the lower line as the following example shows:

"Encontrar	um	diamante	que	caiu	ao	rio."
To find	a	diamond	that	fell	at the (in the)	river

The second phase of reading focuses on capturing the meaning and sense of the original text. As readers gain practice with the method, they should be able to focus on the target language without getting distracted by the translation. New users of the method, however, may find it helpful to cover the translated lines with a piece of paper as illustrated in the image below. Subsequently, they try to understand the meaning of every word, phrase, and entire sentences in the target language itself, drawing on the translation only when necessary. In this phase, the reader should resist the temptation to look at the translation for every word. In doing so, they will find that they are able to understand a good portion of the text by reading directly in the target language, without the crutch of the translation. This is the skill we are looking to train: the ability to read and understand native materials and enjoy them as native speakers do, that being, directly in the original language.

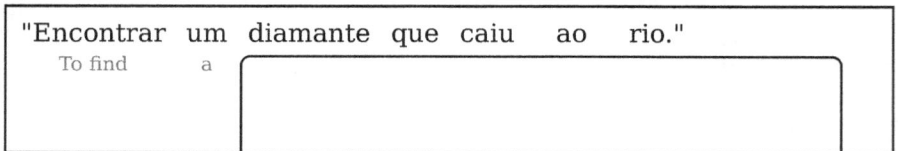

"Encontrar um diamante que caiu ao rio."
   To find   a

In the final phase, readers will be able to understand the meaning of the text when reading it without additional help. There may be some less common words and phrases which have not cemented themselves yet in the reader's brain, but the majority of the story should not pose any problems. If desired, the reader can use an SRS or some other memorization method to learning these straggling words.

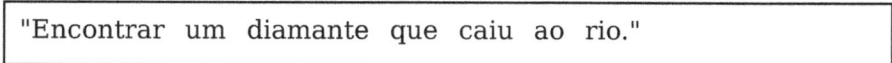

"Encontrar um diamante que caiu ao rio."

Above all, readers will not have to look every word up in a dictionary to read a text in the foreign language. This otherwise wasted time will be spent concentrating on their principal interest. These new readers will tackle authentic texts while learning their vocabulary and expressions to use in further communicative (written or oral) situations. This book is just one work from an overall series with the same purpose. It really helps those who are afraid of having "poor vocabulary" to feel confident about reading directly in the language. To all of them and to all of you, welcome to the amazing experience of living a foreign language!

Additional tools

Check out shop.hyplern.com or contact us at info@hyplern.com for free mp3s (if available) and free empty (untranslated) versions of the eBooks that we have on offer.

For some of the older eBooks and paperbacks we have Windows, iOS and Android apps available that, next to the interlinear format, allow for a pop-up format, where hovering over a word or clicking on it gives you its meaning. The apps also have any mp3s, if available, and integrated vocabulary practice.

Visit the site hyplern.com for the same functionality online. This is where we will be working non-stop to make all our material available in multiple formats, including audio where available, and vocabulary practice.

Table of Contents

Querer é poder

Querer é poder
To want is to be able to
A willful man will have his way

Quem   procura   sempre   encontra,   diz   um   velho
Who   searches   always   finds   says   an   old

provérbio;   quero   ver   por   experiência,   disse   um
proverb   (I) want to see by   experience   said   one
                                for myself

dia   um   rapaz,   se   esta   máxima   é   verdadeira.
day   a   boy   if   this   maxim   is   true

Pôs-se   a   caminho,   e   foi   apresentar-se
(He) set himself   to   way   and   went   to present himself
                  (on his)

ao   governador   duma   grande   cidade.
to the   governor   of a   great   city

"Senhor,"   disse-lhe   ele,   "há   muitos   anos   que
Sir   said him   he   has   many   years   that
                                     (there were)

vivo   tranquilo   e   solitariamente,   e   a
(I) lived   peacefully   and   solitary   and   the

monotonia fatigou-me. Meu amo disse-me muitas
monotony exhausted me My master told me many

vezes 'Quem procura sempre encontra', e 'quem
times Who searches always finds and who

porfia mata caça'. Tomei uma grande resolução.
strives kills game (I) took a big resolution
    hunts successfully   (decision)

Quero casar com a filha do rei.
(I) want to marry with a daughter of the king

O governador mandou-o embora, imaginando que
The governor sent him away imagining that

era um doido.
(he) was a madman

O rapaz voltou no dia seguinte, no outro e
The boy returned on the day following on the other and
    following day (next)

no outro, e assim durante uma semana,
on the other and like this during a week
  (next)

sempre com a mesma vontade inabalável, até que
always with the same desire unshakable until that

o rei ouviu falar o rapaz da sua louca
the king heard discuss the boy of -the- his crazy

pretensão. Surpreendido com uma ideia tão
pretension Surprised with an idea so

extravagante, e, querendo divertir-se, disse-lhe
extravagant and wanting to entertain himself said him

o rei:
the king

"Que um homem distinto pela hierarquia, pela
That a man distinguished by the hierarchy by the

coragem, pela ciência, pensasse em casar com
courage by the science thinks in to marry with

uma princesa, nada mais natural. Mas tu, quais
a princess nothing more natural But you what

são os teus títulos? Para seres o marido de
are -the- your titles To be the husband of

minha filha é necessário que te
my daughter (it) is necessary that yourself

distingas por alguma qualidade especial ou por
(you) distinguish by some quality special or by

um ato de valor extraordinário. Ouve. Perdi há
an act of courage extraordinary Listen (I) lost has (since)

muito tempo no rio um diamante dum valor
much time in the river a diamond of a worth
(a lot of)

incalculável. Aquele que o encontrar obterá a
incalculable That one that it finds will obtain the

mão de minha filha."
hand of my daughter

O rapaz, contente com esta promessa, foi
The boy pleased with this promise went

estabelecer-se nas margens do rio; logo de
to establish himself on the banks of the river soon of
(first thing)

manhã começava a tirar água com um balde
morning (he) started to pull water with a bucket

pequeno, e deitava-a na areia, e, depois de
small and emptied it on the sand and after of

ter   assim   trabalhado   durante   horas   e   horas,
to have   enough   worked   during   hours   and   hours

punha-se   a   rezar.
set himself   to   pray

Os   peixes   inquietos   ao   verem   tão   grande
The   fish   restless   at the   see   such   great
at seeing

tenacidade,   e   receando   que   chegasse   a   esgotar
tenacity   and   fearing   that   (he) arrived   to   exhaust

o   rio,   reuniram-se   em   conselho.
the   river   gathered themselves   in   council

"Que   quer   este   homem?"   perguntou   o   rei   dos
What   wants   this   man   asked   the   king   of the

peixes.
fishes
(fish)

"Encontrar   um   diamante   que   caiu   ao   rio."
To find   a   diamond   that   fell   at the   river
(in the)

"Então,"   respondeu   o   velho   rei,   "sou   de   opinião
Then   replied   the   old   king   (I) am   of   (the) opinion

que lho entreguem, porque vejo qual é a
that him (we) deliver (it) because (I) see what is the

têmpera da vontade deste rapaz; mais fácil seria
temper of the will of this boy more easy will be

esgotar as últimas gotas do rio, do que desistir
to exhaust the last drops of the river of it that to desist

da sua empresa."
of -the- his enterprise

Os peixes deitaram o diamante no balde do
The fishes laid the diamond in the bucket of the
(fish)

rapaz, que casou com a filha do rei.
boy that married with the daughter of the king

A igreja do rei

A   igreja do rei
The church of the king

Era   uma vez um rei, que quis levantar uma
(There) was one time a king that wanted to raise a

igreja magnífica em honra da Virgem, decretando
church magnificent in honor of the Virgin decreeing
  magnificent church

que   ninguém   nos   seus estados pudesse
that   no one   of -the- his   states   could
    (subjects)

contribuir para a obra, ainda mesmo com a
contribute to the work still even with the
    not even

mais pequena quantia. Quando o edifício se
most small quantity When the edifice itself
  smallest

concluiu, enorme, soberbo, grandioso, mandou o
concluded enormous superb grand ordered the

rei gravar numa pedra do mármore uma
king to engrave in a stone of -the- marble an

inscrição em letras de ouro, que dizia que só ele,
inscription in letters of gold that said that only he

e mais ninguém, tinha levado a cabo aquela
and more no one had brought to (an) end that
not anyone else

obra monumental. Mas na noite seguinte o
work monumental But on the night following the
following night

nome do rei foi apagado da inscrição, e
name of the king was erased from the inscription and

substituído por a duma pobre mulherzinha do
substituted by it of a poor little woman of the
(replaced) (that)

povo. O rei no dia seguinte tornou a mandar
people The king on the day following returned to order
following day

pôr o seu nome na inscrição, e de novo
to put -the- his name on the inscription and of new
again

foi substituído pelo da pobre mulher; à
(it) was substituted by that of the poor woman for the
(replaced)

terceira vez sucedeu o mesmo. O rei, cheio de
third   time   happened   the   same   The   king   full   of

cólera, ordenou então que lhe trouxessem a
anger   ordered   then   that   him   (they) bring   the

mulher à sua presença:
woman   to -the-   his   presence

"Proibi a todos os meus vassalos," disse-lhe
(I) prohibited   to   all   -the-   my   vassals   told her
                              (subjects)

ele, "que contribuíssem fosse com o que fosse
he   that   (they) contribute   be   with   it   what   be

para a edificação desta igreja; vejo que não
to   the   building   of this   church   (I) see   that   not

cumpriste as minhas ordens."
complied-you   -the-   my   orders
(you complied)

"Senhor," respondeu a velhinha toda trémula, "eu
Lord   answered   the   old woman   all   trembling   I

respeitei as vossas ordens, apesar da mágoa
respected   -the-   your   orders   in spite   of the   sorrow

que sentia por não poder oferecer o meu
that (I) felt for not to be able to offer -the- my

pequenino óbolo em honra da Virgem; mas
tiny (nest) egg in honor of the Virgin but

julguei não desobedecer a vossa majestade,
(I) judged not to disobey -the- your majesty

deixando por vezes de jantar para comprar um
leaving at times of dinner to buy a

pouco de feno, que eu levava às escondidas
bit of hay that I carried at the hiddens
in secret

aos bois que conduziam as pedras destinadas
to the oxen that drove the stones destined

à construção da igreja."
for the construction of the church

"O teu nome é mais digno do que o meu de
-The- your name is more worthy of it that the mine of
than

figurar em letras de ouro na inscrição do
to figure in letters of gold on the inscription of the
(to show)

monumento," disse-lhe o rei.
monument / told her / the king

Mas na noite seguinte uma mão invisível
But / in the / night / following / a / hand / invisible
following night

restabeleceu na lápide da igreja o nome
re-established / on the / tombstone / of the / church / the / name
(important stone)

do rei, que desde então lá se conserva ainda.
of the / king / that / from / then / there / itself / conserves / still

Os três véus de Maria

Os três véus de Maria
The three veils of Mary

O primeiro véu de Maria era dum linho mais
The first veil of Mary was of a linen more

alvo do que a neve. Bordara-o com as
white of it that -the- snow (She) embroidered it with -the-
than

suas mãos, e ornara-o com uma grinalda de
her hands and adorned it with a wreath of

flores de seda tão bem imitadas, que as abelhas,
flowers of silk so well imitated that the bees

iludidas, vinham pousar-lhe em cima.
deluded came to set it in top
to land on it

Este véu branco só o trouxe uma vez, no dia
This veil white only it (she) carried one time in the day
white veil

da   sua primeira comunhão.
of -the- her   first   communion

O   segundo véu de Maria era de lã   negra.
The   second   veil of   Mary   was of wool black

Principiou-o no   mesmo dia em que sua mãe
(She) began it on the same   day in   that her mother

lhe morrera, deixando-a sozinha, sem   amparo,
her   died   leaving her   alone   without   help

na   casa triste e abandonada. Era   bordado
in the house sad   and   abandoned   (It) was embroidered

de perpétuas roxas, como as dos sepulcros de
of   perpetual   violets   as   the two   sepulchres of
(with)   (tombs)

mármore, e   os   olhos de Maria tinham-no
marble   and the   eyes   of   Mary   had in the

orvalhado com todas as   suas lágrimas.
          like   all   -the- her   tears

O   véu negro só o   trouxe   uma vez, no   dia
The veil black   only it (she) carried   one   time on the day
      black veil

em que se tornou esposa de Jesus no
in that herself (she) turned spouse of Jesus in the

convento da Ave-maria.
convent of the Ave-Maria

O terceiro véu era feito dum retalho do azul
The third veil was made of a flap of the bleu

celeste, bordado de estrelas, e perfumado com
heavenly embroidered of stars and perrfumed with

aromas suavíssimos.
aromas very gentle

Foi o seu anjo da guarda, que lho deu
(It) was -the- her angel of the guard that it gave

no mesmo dia em que ela entrou no paraíso.
on the same day in that she entered in -the- paradise

O ermitão

O   ermitão
The   hermit

Um   homem,   animado   pela   mais   ardente   crença
A   man   spirited   by the   most   ardent   belief
                     (animated)

religiosa,   deliberou   retirar-se   a   uma   gruta
religious   deliberated   to retire himself to   a   cave

solitária   para   se   consagrar   inteiramente
solitary   for   himself   to consecrate   entirely

ao   trabalho   da   sua   salvação.   Jejuando   sempre,
to the   work   of -the- his   salvation   Fasting   always
                  to religious meditation

orando,   ciliciando-se,   os   seus   pensamentos   não
praying   torturing himself -the-   his   thoughts   not

se   desviavam   nunca   da   ideia   de   Deus.
themselves   deviated   never   from the   idea   of   God

Depois de ter assim vivido durante muitos anos,
After of to have enough lived during many years

uma noite lembrou-se de que já tinha
one night (he) remembered himself of that already had

merecido um lugar glorioso no paraíso, e
deserved a place glorious in -the- paradise and

podia ser contado entre os santos mais notáveis.
could be counted between the saints most notable

Na noite seguinte o anjo Gabriel apareceu-lhe,
At the night following the angel Gabriel appeared to him

e disse-lhe:
and told him

"Há no mundo um pobre músico, que anda
Has in the world a poor musician that walks
(There is)

de porta em porta, tocando viola e
from door in door touching (the) violin and
(to) (playing)

cantando, e que mereceu mais do que tu as
singing and that deserves more of it that you the
than

recompensas eternas."
   rewards   eternal
rewards from heaven

O   ermitão,   atónito,   ao   ouvir estas palavras,
The   hermit   surprised   at the to hear these   words

levantou-se, agarrou   no   seu bordão, foi em
rose himself   grabbed   -in- the his   staff   went in

busca do músico e   mal   o   encontrou
search of the musician and bad   him (he) encountered
                      (right when)

disse-lhe:
  said him

"Irmão, diz-me que boas obras fizeste, e   por
Brother   tell me what good works (you) did and by

meio de que orações e penitencias te
middle of what prayers and penitences you
(medium)

tornaste agradável a Deus."
turned yourself agreeable to God

"Ora," respondeu-lhe o músico, abaixando a
Now   answered him the musician lowering the
(Well)

cabeça, "santo padre, não zombes de mim. Nunca
head · saintly · father · not · make fun · of · me · Never

fiz boas obras, e quanto a orações não as
(I) did · good · works · and · how much · to · prayers · not · there

sei, pobre de mim, que sou um pecador. O que
are · poor · of · me · that · (I) am · a · sinner · It · that

faço é andar de casa em casa a divertir os
(I) do · is · walk · from · house · in · house · to · entertain · the

outros."
others

O austero ermitão continuou a insistir:
The · austere · hermit · continued · to · insist

"Estou certo de que, no meio da tua
(I) am · certain · of · that · in the · middle · of -the- · your

existência vagabunda, praticaste algum ato de
existence · vagabond · (you) practice · some · act · of

virtude."
virtue

"Em verdade não poderia citar nem um só."
In   truth   not   (I) would be able   to cite   not   one   only

"Mas então como chegaste a este estado de
But   then   how   (you) arrived   to   this   state   of
(did you arrive)

pobreza? Tens vivido loucamente como os que
poverty   (You) have   lived   madly   like   those   that

exercem a tua profissão? Dissipaste
exercise   -the-   your   profession   Dissipated
(Have you dissipated)

frivolamente o teu património e o produto
frivolously   -the-   your   patrimony   and   the   product
(inheritance)

do teu ofício?"
of -the-   your   office
(trade)

"Não; mas um dia encontrei uma pobre mulher
No   but   one   day   (I) encountered   a   poor   woman

abandonada, cujo marido e filhos tinham sido
abandoned   whose   husband   and   children   had   been

condenados à escravidão para pagar uma divida.
condemned   to   slavery   for   to pay   a   debt

Essa mulher era nova e bela, e queriam
That woman was new and beautiful and (they) wanted
(young)

seduzi-la. Recolhi-a em minha casa, protegia-a
to seduce her (I) gathered her in my house protected her

em todos os perigos, dei-lhe tudo que possuía
in all the dangers gave her all that (I) possessed

para resgatar a sua família, e levei-a à
to rescue -the- her family and took her to the

cidade, onde ela devia encontrar-se com seu
city where she must encounter herself with her

marido e com seus filhos. Mas quem não
husband and with her children But who not

teria feito outro tanto?"
would have done other such

A estas palavras o ermitão pôs-se a chorar, e
At these words the hermit set himself to cry and

exclamou:
exclaimed

21

"Nos   meus   setenta   anos   de   solidão   nunca
In -the-   my   seventy   years   of   solitude   never

pratiquei   uma   obra   tão   meritória,   e   apesar   disso
(I) practiced   a   work   so   meritful   and   in spite   of that

chamo-me   o   homem   de   Deus,   enquanto   que   tu
(I) call myself   the   man   of   God   in how much   that   you
                                                        (while)

não   passas   dum   pobre   músico."
not   go past   of a   poor   musician

Inconveniente da riqueza

Inconveniente   da   riqueza
(The) inconvenience   of -the-   wealth

Um   dia   Nosso   Senhor   Jesus   Cristo,   viajando   na
One   day   Our   Lord   Jesus   Christ   traveling   in the

Alsácia,   foi   surpreendido   pela   noite   à   entrada
Alsace   was   surprised   by the   night   at the   entrance

duma   aldeia.   Procurou   dum   lado   para   outro
of a   village   (He) searched   of one   side   to   (an) other

uma   casa,   onde   pudesse   pedir   pousada,   mas   as
a   house   where   (he) could   ask   hostel   but   the

portas   estavam   já   todas   fechadas,   não   se   via
doors   were   already   all   closed   not   one   saw

nem   um   raio   de   luz   através   das   janelas,   tudo
not   a   ray   of   light   through   -of- the   windows   all

estava adormecido. Apenas no fim dum beco se
were / asleep / Only / at the / end / of an / alley / itself

ouvia o barulho do mangual com que se bate
heard / the / noise / of the / thresh / with / that / itself / beat

o trigo, e nesse sítio havia uma pequena luz.
the / wheat / and / in that / place / had / a / small / light
(there was)

Nosso Senhor dirigiu-se para lá, chegou ao
Our / Lord / directed himself / to / there / arrived / at the

pé do muro duma quinta, e bateu à porta.
foot / of the / wall / of a / farm / and / knocked / on the / door

Foi um camponês que lha veio abrir.
Was / a / peasant / that / him / came / to open

"Fazia favor," disse-lhe o bom Jesus, "de me dar
Do / (a) favor / said him / the / good / Jesus / of / me / to give

agasalho por esta noite?
(a) coat / for / this / night

Não se havia de arrepender."
Not / itself / had / of / to regret
You wouldn't regret it

E   acrescentou:
And   (he) added

"Visto que   já   todos estão deitados, para que
Seen   that already   all   are   lying down   for   what

 é   que você está ainda a trabalhar?"
is (it) that you   are   still   to   work

"Ora," respondeu o camponês, "soube ontem   à
Now   answered   the   peasant   (I) knew yesterday at the

noite que ia   ser perseguido por um credor
night that went to be persecuted   by   a   creditor
                      (chased out)

desapiedado, se lhe não pagasse amanhã o que lhe
   merciless   if him not (I) paid tomorrow it that him

devo, portanto eu   e meus filhos estamos a
(I) owe   so   I   and my children   are   to

bater o pouco trigo que   colhi, para o vender
beat the little wheat that (I) gathered for to   sell

no   mercado, e pagar a minha dívida. Depois
at the market   and to pay -the- my   debt   After

disto não nos fica nada, e não sei como
of this not our remains nothing and not (I) know how

havemos de atravessar o Inverno. Seja o que
(we) have of to traverse the Winter Be it that
             (to pass)

Deus quiser!"
God to want
   (wants)

Ao dizer isto o camponês limpava o suor
At the to say this the peasant cleaned the sweat
                   (wiped)

da testa, e passava a mão pelos olhos
from the head and passed the hand by the eyes

arrasados de lágrimas. O Senhor teve dó dele,
razed of tears The Lord has pity of him
(weathered) (by)

e disse-lhe:
and told him

"Não desanimes. Quando te pedi hospitalidade,
Not discourage When you (I) asked hospitality
    (be discouraged)

disse-te que não te havias de arrepender de ma
(I) told you that not you had of to regret of me

ter dado. Vou provar-to."
have given (I) want to prove (it) to you

Pegou na candeia, que estava suspensa numa
(He) took -on- the candle that was suspended in one

das traves do celeiro, e aproximou-a do
of the beams of the barn and approached it of the
(held it close) (to the)

trigo.
grain

"Que vai fazer?" disseram assustados os
What (you) go do said afraid the

trabalhadores, "vai deitar fogo a tudo!"
workers (you) go let fire to everything
(set)

Mas no mesmo instante, da palha, que eles
But in the same instant from the straw that they

receavam ver inflamar-se, de cada espiga,
feared to see enflame itself from each ear (of wheat)

desceu uma chuva de grãos prodigiosa. À vista
descended a rain of grains prodigious At the sight

dum   tal   milagre   os   camponeses   maravilhados
of a   such   miracle   the   peasants   amazed

caíram   de   joelhos.
fell   of   (their) knees
        (to)

"Visto   que   foste   caritativo,"   disse   Jesus,   "visto
Seen   that   (you) were   charitable   said   Jesus   seen

que   recebeste   na   tua   pobreza   o   forasteiro
that   (you) received   in -the-   your   poverty   the   stranger

que   veio   ter   contigo   como   um   pobre   mendigo,
that   came   to have   with you   like   a   poor   beggar

serás   recompensado.   Foi   Deus   que   entrou
(you) will be   rewarded   (It) was   God   that   entered

na   tua   fazenda,   é   Deus   que   te   enriquece."
in -the-   your   farm   (it) is   God   that   you   enriches

Dito   isto   desapareceu.
Said   that   (he) disappeared

E   a   chuva   dos   grãos   não   parou   em   toda   a
And   the   rain   of the   grains   not   stopped   in   all   the
        (at)

noite, e fez um monte tão alto como a igreja.
night and made a mountain so high as a church

O camponês pagou as suas dividas, comprou
The peasant paid -the- his debts bought

terras, e construiu uma bela casa. Era rico,
lands and constructed a beautiful house (He) was rich

e tornou-se orgulhoso e altivo com os
and turned himself proud and haughty with the (to)

pobres. Ele e seus filhos adquiriram costumes
poor He and his sons acquired habits

perdulários, tanto e tanto fizeram, que
of losers so much and so did that
(of whom lost their way)

se arruinaram, e, como tinham sido maus
themselves (they) ruined and like had been bad

nos tempos em que eram ricos, ninguém os
in the times in that (they) were rich no one them

ajudou na sua miséria. Uma noite o velho
helped in -the- their misery One night the old

camponês, que bebera enormemente, entrou no
peasant that drank enormously entered in the

celeiro, e, recordando-se do milagre que o
barn and remembering himself of the miracle that him

enriquecera, imaginou que também ele o poderia
enriched imagined that also he it could

fazer. Agarrou na candeia, aproximou-a dum
do (He) grabbed -on- the candle approached it of a
(held it close) (to a)

feixe de palha, comunicou-se o fogo, ardeu a
bundle of straw started itself the fire burned the

casa e tudo o que lhe restava, e passado
house and everything it that him remained and passed

tempo morreu na miséria mais absoluta.
time (he) died in the misery most absolute

Carlos Magno e o abade

Carlos Magno e o abade de S. Gall
Charle- magne and the abbot of St. Gall

Carlos Magno numa das suas frequentes viagens
Charle- magne in one of -the- his frequent visits

viu o abade de S. Gall, preguiçosamente reclinado
saw the abbot of St. Gall lazily reclined

sobre almofadas à porta da abadia, fresco,
on cushions at the door of the abbey fresh

rosado, bem-disposto. Carlos Magno adorava os
rosy well disposed Charle- -magne adored the
(good humoured)

homens enérgicos e ativos, e o abade era
men energetic and active and the abbot was

indolente. Além disso o imperador tinha mais
indolent Besides of that the emperor had more

dum   motivo de   queixa contra ele.
of one   motive of complaint against him
(than one)

"Bons   dias,   senhor   abade.   Ainda   bem   que   o
Good   days   sir   abbot   Still   well   that you
         (day)

encontro. Tenho a submeter   à   sua esclarecida
encounter (I) have to   submit   to -the- your enlightened

razão três perguntas,   às   quais   terá   a
reason three questions to the which (you) will have the

bondade de me responder daqui a três meses,
goodness of me to answer from here to three months
                                      (in)

contado dia a dia, em sessão solene do nosso
counted day to day, in session solemn of the our

conselho imperial. Primeiro que tudo, desejo saber
council   imperial   First   that all (I) desire to know
                                      (of)

o   meu valor em dinheiro; em segundo lugar,
-the- my worth in money   in second place

quanto tempo levaria   a dar a volta ao
how much   time (it) would take to give to turn to the

mundo; em terceiro lugar, que estarei eu
world in third place what would be I

pensando no momento em que v. rev. vier
thinking at the moment in that your reverence comes

à minha presença, pensamento que deve ser
to the my presence thought that must be

um erro. Trate de arranjar resposta satisfatória a
a mistake Try of to arrange (an) answer satisfactory to

tudo, aliás deixa de ser abade de S. Gall, e
all or (I) let you of to be abbot of St. Gall and

tem de abandonar a abadia, montado num
(you) have of to abandon the abbey seated on a

burro com a cara voltada para o rabo."
donkey with the face turned to the tail

O abade não sabia a que santo se apegar.
The abott not knew at what saint himself to cling

Mandou a todas as escolas, mas os doutores mais
(He) sent to all the schools but the doctors most

famosos **pela** **sua** **ciência,** **não** **lhe** **souberam**
famous — for -the- — their — science — not — him — knew

dar **resposta.** **No** **entanto** **os** **dias** **iam**
to give — response — In the — meanwhile — the — days — went

correndo, **e** **a** **época** **fatal** **aproximava-se;** **já**
running — and — the — epoch — fatal — approached itself — already
(passing by) — (time)

não **faltava** **senão** **um** **mês,** **já** **não** **faltavam**
not — missed — if-not — a — month — already — not — missed
(remained) — (only) — (remained)

senão **semanas,** **e** **afinal** **só** **dias.** **O** **abade,** **que**
if-not — weeks — and — finally — only — days — The — abbot — that
(but)

noutro **tempo** **era** **corpulento** **e** **anafado,** **estava**
in other — time — was — fat — and — fattened — was

magro **como** **um** **esqueleto.** **Perdera** **o** **sono** **e** **o**
skinny — like — a — skeleton — (He) lost — the — sleep — and — the

apetite. **Andava** **errante** **nos** **bosques** **lamentando**
appetite — (He) went — roaming — in the — forests — lamenting

a **sua** **desgraça,** **quando** **se** **encontrou** **com**
-the- — his — disgrace — when — himself — (he) encountered — with

o   seu pastor.
-the- his   shepherd

"Bons dias senhor abade. Parece que está mais
Good days   sir   abbot (It) seems that (you) are more
      (day)

magro! Está doente?"
skinny Are (you) sick

"Estou, meu caro Félix, estou muito doente."
(I) am   my   dear Felix (I) am very much sick

"Oh! meu rico amigo, eu lhe darei alguma erva
Oh   my rich friend I you will give some plant

que o possa curar."
that you can   cure

"Infelizmente não são ervas que eu preciso,
Unfortunately not (they) are plants that I   need

mas resposta às minhas três perguntas."
but answer to the my three questions

"É então latim?"
And then Latin

"Não,   não   é   latim,   senão   os   doutores
Not   not   (it) is   (in) Latin   if-not   the   doctors
                              (but)

tinham-me arranjado tudo."
had me   arranged   all
         (fixed)

"Visto   que   não   é   latim,   queira   v.   rev.
Seen   that   not   (it) is   (in) Latin   please   your   reverence

dizer-me o que é: minha mãe era uma pobre
tell me   it what (it) is   my   mother   is   a   poor

de Cristo, mas tinha resposta para tudo."
of   Christ   but   had   answer   to   everything

Quando o abade lhe formulou as três perguntas,
When   the   abbot   him   formulated   the   three   questions

o   pastor   atirou   com   o   barrete   ao   ar,   e
the   pastor   threw   -with-   the   beret   at the   air   and
                                        (in the)

disse-lhe:
told him

"Se é apenas isso, eu me encarrego de responder
If   is   only   that   I   me   charge   of   to answer

por si, e v. rev. pode continuar a
for yourself and your reverence can continue to

engordar; mas para isso é necessário que eu
grow fat but for that (it) is necessary that I

vista o seu hábito."
dress the your habit

Quando chegou o dia, o pastor disfarçado com
When arrived the day the shepherd disguised with

o hábito do abade de S. Gall, foi introduzido
the habit of the abbot of St. Gall was introduced

na sala onde o imperador presidia o conselho
in the hall where the emperor presided the council

imperial.
imperial

"Então, senhor abade, parece que está mais
Then sir abbot (it) seems that (you) are more
(Well)

magro, deu-lhe muito que pensar a chave do
skinny (I) gave you much that think the key of the
(to) (answer)

enigma? Vamos lá a ver a primeira pergunta:
riddle (We) go there to see the first question
(Let's go)

Quanto valho eu em dinheiro?"
How much am worth I in money

"Senhor, o filho de Deus Nosso Senhor Jesus
Sir the son of God Our Lord Jesus

Cristo foi vendido por trinta dinheiros, sua
Christ was sold for thirty moneys your
(coins)

majestade vale à justa vinte e nove, só
majesty is worth at the precise twenty and nine only
precisely

um dinheiro menos."
one money less
(coin)

"Bravo, senhor abade, a resposta é hábil, e na
Bravo sir abbot the answer is skillful and in the

realidade não posso deixar de me mostrar
reality not could let of me to show
I have

satisfeito. Mas vamos à segunda pergunta, não
satisfied But (we) go to the second question not
(let's go)

há de ser tão fácil dar a resposta. Vamos lá
has of to be so easy to give the answer (We) go there
(Let's go)

a ver: quanto tempo levaria eu a dar a volta
to see how much time would take I to give to turn

ao mundo?"
-to- the world

"Senhor, se vossa majestade se levantar ao
Sir if your majesty himself rises at the

romper do dia e poder seguir constantemente
to break of the day and are able to follow constantly
(breaking)

passo a passo o sol no seu giro, bastam-lhe
pace to pace the sun in the its turn (it) is enough him

vinte e quatro horas."
twenty and four hours

"Decididamente, v. rev. é um grande finório,
Decidedly your reverence is a great sly person

e desta vez, confesso-me vencido; mas a
and -of- this time (I) confess me to be defeated but the

terceira, não dessas à que se responde com
third / not / of those / at the / what / oneself / answers / with

suposições. Quem lhe há de dizer o que eu estou
assumptions / Whom / you / have / of / to say / it / what / I / am

pensando, e como me há de provar que este
thinking / and / how / me / has / of / to prove / that / this

pensamento é um erro? Tem a palavra senhor
thought / is / an / error / (You) have / the / word / sir

abade."
abbot

"Senhor: Vossa majestade imagina que eu sou o
Sir / Your / majesty / imagines / that / I / am / the

abade de S. Gall; está enganado, porque eu sou
abbot / of / St. / Gall / (you) are / deceived / because / I / am

o seu pastor."
-the- / his / shepherd

"Mas então tu é que deves ser o abade de S.
But / thn / you / are / what / must / be / the / abbot / of / St.

Gall, e desde já o ficas sendo."
Gall and from already it (you) remain being

"Não sei latim, mas, se vossa majestade quer
Not (I) know Latin but if your majesty wants

fazer-me um favor, peço-lhe outra coisa."
to do me a favor (I) ask him (an) other thing

"Não tens mais que falar."
Not (you) have but that talk
(to)

"Peço a vossa majestade que perdoe ao
(I) ask -the- your majesty that (he) pardons to the

meu amigo."
my friend

Carlos Magno não era homem que faltasse à
Charle -magne not was (a) man that missed -to the-
(broke)

sua palavra.
his word

A rapariguinha e os fósforos

A rapariguinha e os fósforos
The little girl and the matches

Que frio! a neve caía, e a noite aproximava-se;
What cold the snow fell and the night approached itself

era o último de dezembro, véspera de
(it) was the last of december eve of
(end)

Ano Bom. No meio deste frio e desta
(the) Year Good In the middle of this cold and of this
New Year

escuridão passou na rua uma desgraçada
darkness passed on the street a miserable

pequerrucha, com a cabeça descoberta e os pés
little girl with the head uncovered and the feet

descalços. É verdade que trazia sapatos ao
unshod And true that (she) wore shoes at -the-
(bare)

sair   de   casa,   mas   tinham-lhe   servido   pouco
to leave   -of-   house   but   (they) had her   served   little
(leaving)

tempo: eram   uns   grandes   sapatos,   que   sua
time   (they) were   a   large   shoes   that   her

mãe   já   tinha   usado,   tão   grandes,   que   a
mother   already   had   used   so   large   that   the

pequenita   os   perdeu   ao   atravessar   a   rua   a
little one   them   lost   at -the-   to cross   the   road   to
(crossing)

correr,   entre   duas   carruagens.   Um   dos   sapatos
run   between   two   carriages   One   of the   shoes

perdeu-o   realmente;   quanto   ao   outro   fugiu-lhe
lost she   really   when   at the   other   fled her

com   ele   um   gatotito,   com   a   intenção   de   fazer
with   it   a   little cat   with   the   intention   of   to make

dele   um   berço   para   o   seu   primeiro   filho.
of it   a   cradle   for   -the-   its   first   child

A   pequenita   caminhava   com   os   pezinhos   nus,
The   little one   walked   with   the   little feet   bare

arroxeados **pelo** **frio;** **tinha** **no** **seu** **velho**
purpled (blue) / by the (of the) / cold / (she) had / in -the- / her / old

avental **uma** **grande** **quantidade** **de** **fósforos,** **e**
apron / a / large / quantity / of / matches / and

levava **na** **mão** **um** **maço** **deles.** **O** **dia**
(she) carried / in the / hand / a / mass (bunch) / of them / The / day

correra-lhe **mal;** **não** **tinha** **havido** **compradores,** **e**
ran her went bad for her / bad / not / had / had / buyers / and

por **isso** **não** **apurara** **cinco** **réis.**
for / that / not / ascertain / five / reis (Portuguese money)

Pobre **pequerrucha!** **que** **frio** **e** **que** **fome!** **Os**
Poor / little girl / what / cold / and / what / hunger / The

flocos **de** **neve** **caiam-lhe** **nos** **longos** **cabelos**
flakes / of / snow / fell her / in the / long / hairs

loiros, **adoravelmente** **anelados** **em** **volta** **do**
blond / adorably / ringed / in / turn around the / of the

pescoço; **mas** **pensava** **ela** **porventura** **nos** **seus**
neck / but / thought / she / maybe / on the / her (of)

cabelos anelados?
hairs   ringed

As   luzes brilhavam nas   janelas,   e   sentia-se
The   lights   shone   in the windows and   smelled itself
                                                  (you could smell)

na   rua   o   cheiro   dos   manjares;   era   a
on the road   the   smell   of the delicacies   (it) was   the

véspera de   dia   de Ano Bom: eis   no que ela
eve   of (they) day   of Year Good behold on it that she
                                New Year

pensava.
thought

Deixou-se   cair a um canto,   entre dois muros.
(She) let herself   fall   at   a   corner   between   two   walls

O frio enregelava-a cada vez mais, mas não   se
The cold   froze her   each time more but   not   herself

atrevia   a voltar para casa: o   pai   bater-lhe-ia,
(she) dared to return   to   house the father   beat her went

porque não   tinha   vendido   os   seus fósforos.
because   not   (she) had   sold   -the-   her   matches

Além disso em sua casa fazia tanto frio como
Besides that in her house (it) made as cold as

na rua. Moravam debaixo de um telheiro que
on the street (They) lived under of a roof that

o vento atravessava, apesar de o terem
the wind went through in spite of it (they) had

calafetado com palha e farrapos. As suas
caulked with straw and rags The her

mãozinhas já quase que as não sentia. Ai!
little hands already almost that them not felt Ah

como um fosforozinho aceso lhe faria bem! Se
how a little match lit her would do well If

tirasse do maço apenas um, um único, e
(she) pulled from the bunch only one one only and

ascendendo-o aquecesse os dedos enregelados!
lit it warm the fingers frozen

Tirou um: 'ritche'! como estoirou! como ardeu!
(She) pulled one swish how (it) blew how (it) burned

Era uma chama tépida e clara, como uma
(It) was a flame faint and clear like a

pequena lamparina. Que luz esquisita!
small little lamp What light exquisite

Parecia-lhe estar sentada defronte de um
(It) seemed to her to be seated of front of a
(in front)

enorme braseiro de ferro, cujo lume magnífico
enormous brazier of iron whose flame magnificent

aquecia tão suavemente, que era um regalo.
warmed so softly that (it) was a gift

A pequerrucha ia já a estender os pezitos
The little girl went already to extend the little feet

para os aquecer também, quando a chama se
for them to warm also when the flame itself

apagou repentinamente: achou-se sentada,
extinguished suddenly (she) found herself seated

tendo na mão uma pontita de fósforo
having in the hand a little point of phosphor

consumido.
consumed

Acendeu segundo fósforo, que ardeu, que brilhou,
(She) lit (a) second match that burned that shone

e o muro onde bateu a sua chama tornou-se
and the wall where struck -the- its flame turned itself

transparente como vidro. Olhando através desse
transparent like glass Seeing through of that

muro, a pequerrucha viu uma sala com uma
wall the little girl saw a room with a

mesa coberta de uma toalha alvíssima,
table covered of a cloth very white

deslumbrante de finas porcelanas, e sobre a
dazzling of fine porcelain and on the

qual uma galinha assada com recheio de ameixas
which a chicken roasted with stuffing of plums

e de batatas fumegava exalando um perfume
and of potatoes smoked exuding a scent

49

delicioso. Oh surpresa! oh felicidade! De repente
delicious Oh surprise oh happiness Of sudden
Suddenly

a galinha saltou do prato, e caiu no chão
the chicken jumped from the plate and fell on the floor

ao pé da pequerrucha, com o garfo e a
at the feet of the little girl with the fork and the

faca espetada no lombo. Nisto apagou-se o
knife sticking in the back In this extinguished itself the

fósforo, e viu apenas diante de si a parede
match and saw only before of herself the wall

fria e tenebrosa.
cold and dark

Acendeu terceiro fósforo, e achou-se
(She) lit (a) third match and found herself

imediatamente sentada debaixo de uma magnífica
immediately seated under -of- a magnificent

árvore do Natal; era ainda mais rica e
tree of the Christmas (it) was even more rich and
Christmas tree

maior do que a que tinha visto no ano
grand of it that it that (she) had seen in the year
than

passado através dos vidros de um
passed through of the windows of a

armazém sumptuoso.
storehouse sumptuous
magnificent store

Nos ramos verdes brilhavam centenares de
On the branches green shone hundreds of

balões acesos, e as estampas coloridas, como
balls lighted and the prints colored like

as que há às portas das lojas, pareciam
those that had the doors of the shops seemed

sorrir-lhe. Quando ia agarrá-las com as
to smile at her When (she) went to grab them with the

duas mãos, apagou-se o fósforo; todos os
two hands extinguished itself the match all the

balões da árvore do Natal começaram a
balloons of the tree of the Christmas began to
Christmas tree

subir, a subir, e viu então que se tinha
rise to rise and (she) saw then that herself (she) had

enganado, porque eram estrelas. Caiu uma
deceived because (they) were stars Fell one

delas, deixando no céu um longo rasto de fogo.
of them letting in the sky a long trail of fire

É alguém que está a morrer, disse a
(It) is someone that is to die said the

pequerrucha; porque a sua avó, que lhe
little girl because -the- her grandmother that her

queria tanto, mas que já morrera, dissera-lhe
loved so much but that already died told her

muitas vezes: "Quando cai uma estrela, sobe para
many times When falls a star rises to

Deus uma alma."
God a soul

Acendeu ainda outro fósforo: deu uma grande
(She) lit still (an)other match (it) gave a great

luz, no meio da qual lhe apareceu sua
light in the middle of the which her appeared her

avó, de pé, com um ar radioso e
grandmother of foot with an air brilliant and
(on)

suavíssimo.
gentle

"Minha avó," exclamou a pequenita, "leva-me
My grandmother exclaimed the little one take me

contigo. Eu sei que te vais embora quando se
with you I know that you go away when itself

apagar o fósforo. Desaparecerás como a
extinguishes the match (You) will disappear like the

panela de ferro, a galinha assada, e a bela
pot of iron the chicken roasted and the beautiful

árvore do Natal."
tree of the Christmas
Christmas tree

Acendeu o resto do maço, porque não
(She) lit the rest of the bunch because not

queria que sua avó lhe fugisse, e
(she) wanted that her grandmother (from) her fled and

os fósforos espalharam um clarão mais vivo que
the matches spread a clarity most lively that (than)

a luz do dia. Nunca sua avó tinha sido
the light of -the- day Never her grandmother had been

tão formosa. Pôs ao colo a pequerruchinha,
so beautiful (She) put to the lap the little girl

e ambas alegres, no meio deste
and both happy in the middle of this

deslumbramento, voaram tão alto, tão alto, que
dazzle flew so high so high that

já não tinha nem frio, nem fome, nem
already not had neither cold nor hunger nor

agonias: haviam chegado ao Paraíso.
agonies (they) had arrived at the Paradise

Mas quando rompeu a fria madrugada,
But when broke the cold dawn

encontraram a pequerrucha, entre os dois
(they) encountered the little one between the two
(they found)

muros, ao canto, com as faces incendiadas, o
walls at the corner with the lit the

sorriso nos lábios... morta, morta de frio na
smile on the lips dead dead of cold on the

última noite do ano. O dia de Ano Bom veio
last night of the year The day of Year Good came

alumiar o pequenino cadáver, sentado ali com
to illuminate the tiny corpse seated there with

os seus fósforos, a que faltava um maço, que
the its matches at that missed a bunch that

tinha ardido quase inteiramente. "Quis
had burned almost entirely. (She) wanted

aquecer-se," disse um homem que passou. E
to warm herself said a man that passed And

ninguém soube nunca as lindas coisas que ela
no one knew never the beautiful things that she

55

tinha visto, e no meio de que esplendor tinha
had seen and in the middle of that splendor had

entrado com a sua velha avó no dia
entered with -the- her old grandmother in the day

do Ano Novo.
of the Year New

O linho

O   linho
The   flax

O   linho estava coberto de flores admiravelmente
The   flax   was   covered   of   flowers   admirably
                              (with)

belas,   mais delicadas   e   transparentes   do que
beautiful   but   delicate   and   transparent   of it that
                                                                      like

asas de moscas. O   sol espalhava   os   seus raios
wings   of   flies   The sun   spread   -the-   its   rays

sobre ele,   e   as   nuvens regavam-no, o que lhe
  on   him   and   the   clouds   rained on him   it   that   him

causava   tanto   prazer, como o dum filho quando
  caused   so much pleasure   like   it   of a   child   when

a   mãe   o   lava   e   lhe dá um beijo.
the mother him washes and him gives   a   kiss

57

"Segundo dizem sou bem bonito," murmurou
According to (what they) say (I) am well pretty murmured

o linho, "estou muito crescido, e serei
the flax (I) am much grown and will be

brevemente uma rica peça de pano. Sinto-me
shortly a rich piece of cloth (I) feel myself
(soon)

feliz. Não há ninguém que seja mais feliz
happy Not has no one that is more happy
(there is)

do que eu sou. Tenho saúde e um belo
of it that I am (I) have health and a beautiful
than

futuro. A luz acaricia-me, e a chuva
future The light caresses me and the rain

encanta-me e refresca-me. Sim, sou feliz, feliz
delights me and refreshes me Indeed (I) am happy happy

a mais não poder ser!"
to more not to be able to be

"Como és ingénuo!" disseram as silvas do
How (you) are ingenuous said the blackberries of the
(naive)

valado valado; "tu não conheces o mundo, de que
ditch you not know the world of what

nós outras temos uma larga experiência."
us others have a large experience

E rangendo lastimosamente, cantaram:
And squeaking pitifully (they) sang

"Cric, crac! cric, crac! crac!"
Creak crack creak crack crack

"Acabou-se! acabou-se! acabou-se!"
Finished itself finished itself finished itself
(It's over) (It's over) (It's over)

"Não tão cedo como vocês imaginam," respondeu
Not so soon as you imagine answered

o linho; "está uma bela manhã, o sol
the flax (it) is a beautiful morning the sun

resplandece, e a chuva faz-me bem; sinto-me
shines and the rain does me well (I) feel myself

crescer e florir. Sou muitíssimo feliz."
grow and bloom (I) am extremely happy

Mas um belo dia vieram uns homens que
But one beautiful day came some men that

agarraram no linho pela cabeleira,
grabbed -in- the flax by the hair

arrancaram-no com raízes e tudo, e
ripped-him with (the) roots and all and
(ripped him out)

deram-lhe tratos de polé. Primeiro
gave it treatments of pole First

mergulharam-no em água, como se o quisessem
(they) dipped him in water as if him (they) wanted

afogá-lo, e depois meteram-no no lume para
to drown him and then put him in the fire for

o assar. Que crueldade!
him to bake What cruelty

"Não se pode ser mais feliz," pensou o linho
Not oneself can be more happy thought the flax

de si para si; "é necessário sofrer, o
of himself to himself (it) is necessary to suffer the
by itself

sofrimento é a mãe da experiência."
suffering is the mother of the experience

Mas as coisas iam de mal para pior.
But the things went from bad to worse

Partiram-no, assedaram-no, cardaram-no, e ele
(They) broke him besieged-him heckled him and he

sem compreender o que lhe queriam. Depois,
without understand it that of him (they) wanted After

puseram-no numa roca, e então perdeu a
(they) put him on a rock and then (he) lost the

cabeça inteiramente.
head entirely

"Era feliz de mais," pensava o desgraçado linho
(I) was happy of more thought the disgraced flax

no meio daquelas torturas; "devemo-nos
in the middle of those tortures must-us
(we should)

regozijar, mesmo com as felicidades perdidas."
rejoice same with the happinesses lost

E ainda estava dizendo perdidas, e já o
And still (he) was saying lost and already him

estavam a meter no tear e a transformá-lo
(they) were to put on the loom and to transform him

numa peça de pano.
in a piece of cloth

"Isto é extraordinário, nunca o imaginei; que boa
This is extraordinary never it imagined what good

sorte a minha, e que grandes tolas
fate (is) the mine and what great foolishnesses

aquelas silvas quando cantavam:"
those blackberries when (they) sang

"Cric, crac! cric, crac! crac!"
Creak crack creak crack crack

"Acabou-se! acabou-se! acabou-se!"
Finished itself finished itself finished itself
(It's over) (it's over) (it's over)

"Agora é que eu principio a viver. Padeci muito,
Now is that I start to live (I) fell much

é   verdade,   mas   por   isso   também   agora   sou
(it) is   true   but   for   this   also   now   (I) am

mais   feliz   do   que   nunca.   Sinto-me   tão   forte,   tão
more   happy   of it   that   never   (I) feel myself   so   strong   so
           than   (ever)

alto,   tão   macio!   Ah!   isto   é   bem   melhor   do   que
tall   so   soft   Ah   this   is   well   better   of it   that
(so large)   than

ser   planta,   mesmo   florida,   ninguém   trata   da
to be   plant   even   flowered   no   treat   of the

gente,   e   não   bebemos   outra   água   a   não   ser   a
people   and   not   (we) drink   other   water   and   not   to be   to

da   chuva.   Agora   é   o   contrário: que   cuidados!
give   water   Now   (it) is   the   contrary   what   cares

As   raparigas   estendem-me   todas   as   manhãs,   e
The   girls   extend me   all   the   mornings   and

à   noite   tomo   o   meu   banho   com   um
at the   night   (I) take   -the-   my   bath   with   a

regador.   A   criada   do   sr.   cura   fez   um
watering can   The   servant   of the   sir   priest   makes   a

63

discurso a meu respeito, e provou perfeitamente
speech at my respect and (I) feel perfectly

que era eu a melhor peça da paróquia. Não
that was I the best piece of the parochy Not

posso ser mais feliz."
(I) can be more happy

Levaram o pano para casa, e entregaram-no
(They) took the cloth to house and gave it

às tesouras. Cortaram-no e picaram-no com
to the scissors (They) cut it and chopped it with

uma agulha. Não era lá muito agradável, mas
a needle Not (it) was there much agreeable but

em compensação fizeram dele uma dúzia de
in compensation (they) made of it a dozen of

camisas magníficas.
shirts magnificent

"Agora decididamente começo a valer alguma
Now decidedly (I) begin to be worth some

coisa.   O   meu   destino   é   abençoado,   porque   sou
thing   -The-   my   destiny   is   blessed   because   (I) am

útil   neste   mundo.   É   preciso   isso   para   se
useful   in this   world   (It) is   precisely   this   to   oneself

viver   em   paz,   e   ser-se   feliz.   Somos   hoje
live   in   peace   and   to be oneself   happy   (We) are   today

doze   pedaços,   é   verdade,   mas   formamos   um
twelve   pieces   (it) is   true   but   (we) form   a

só   grupo,   uma   dúzia.   Que   incomparável
single   group   a   dozen   What   incomparable

felicidade!"
happiness

O   pano   das   camisas   foi-se   gastando   com   o
The   cloth   of the   shirts   went itself   spending (wearing down)   with   the

tempo.
time

"Tudo   tem   fim,"   murmurou   ele.   "Eu   estava
All   has   (an) end   murmured   he   I   was

disposto a durar ainda, mas não se fazem
disposed to last still but not itself (they) make
(willing)

impossíveis."
impossible

E as camisas foram reduzidas a farrapos, a
And the shirts were reduced to tatters to

trapos, e imaginaram que era finalmente a
rags and (they) imagined that (it) was finally -the-

sua morte, porque foram rasgados, amassados,
their death because (they) were torn crushed

fervidos, sem adivinharem o que lhes
boiled without guessing it that of them

queriam. Mas de repente transformaram-se
(they) wanted But of sudden (they) transformed themselves
suddenly (they were transformed)

em papel branco magnífico.
in paper white magnificent

"Oh que agradável surpresa! exclamou o papel,
Oh what agreeable surprise exclaimed the paper

agora sou muito mais fino do que dantes, e
now (I) am much more fine of it that before and
than

vão cobrir-me de letras. O que não
(they) go cover me of letters It that not
(with)

escreverão em cima de mim! Tenho uma fortuna
(they) will write in top of me (I) have a fortune

maravilhosa!"
wondrous

E escreveram nele as mais belas histórias, que
And (they) wrote on him the most beautiful stories that

foram lidas diante de inúmeros ouvintes, e os
were read before -of- countless listeners and them

tornaram mais sábios e melhores.
turned more wise and better

"Ora aqui está uma coisa muito superior a tudo
Now here is a thing much superior to all

que eu tinha imaginado, quando vivia na terra,
that I had imagined when (I) lived on the earth

coberto de flores. Como poderia eu imaginar que
covered of flowers How could I imagine what
(with)

ainda havia de servir para alegrar e instruir os
still had of to serve to rejoice and instruct the
(there was)

homens! Não sei explicar o que me está
men Not (I) know to explain it that me is

acontecendo, mas é verdade. Deus sabe
happening but (it) is true God knows

perfeitamente que nunca fui ambicioso, e que
perfectly that never (I) was ambitious and that

nunca me queixei da minha sorte; foi Ele
never me (I) complained of -the- my fate was He

que gradualmente me elevou, até chegar à
that gradually me lifted until to arrive at the

maior glória. Cada vez que me lembro da
greatest glory Each time that me (I) remember of the

cantiga das silvas: 'Acabou-se, acabou-se' tudo
song of the blackberries Finished itself finished itself all
(It's over) (it's over)

pelo contrário se me apresenta debaixo do
for the contrary itself me presents under of the

aspeto mais risonho. Vou viajar, percorrer o
aspect most laughable (I) will travel through-run the
(roam)

mundo inteiro, para que todos me possam ler e
world entire to that all me can read and
(so)

instruir-se. Antigamente eu estava carregado
instruct themselves Formerly I was laden

de florinhas azuis; agora as minhas flores são
of little flowers blue now -the- my flowers are
(with)

os mais elevados pensamentos. Sinto-me feliz,
the most elevated thoughts (I) feel myself happy

imensamente feliz!"
immensely happy

Mas o papel não foi viajar; entregaram-no ao
But the paper not went to travel (they) handed over it to the

tipógrafo, e tudo que lá estava escrito, foi
printer and all that there was written was

impresso para fazer um livro, milhares de livros,
printed for to make a book thousands of books

que recrearam e instruíram uma infinidade de
that entertained and instructed an infinity of

pessoas. O nosso bocado de papel não teria
persons The our bit of paper not would have

prestado o mesmo serviço, ainda que desse a
provided the same service even that (it) gave to

volta à roda do mundo. A meio caminho
turn at the wheel -of- the world The half road
around

já estaria gasto.
already (it) would be spent

"É justo," disse o papel, "não tinha pensado
(It) is right said the paper not (I) had thought

nisso. Fico em casa, e vou ser considerado
of that (I) remain in house and (I) go to be considered

como um velho avô! fui eu que recebi as
like an old grandfather (it) was I that received the

letras, as palavras caíram diretamente da pena
letters the words fell directly of the feather

sobre mim, fico no meu lugar, e os livros
on me (I) stay in -the- my place and the books

vão por esse mundo fora. A sua missão é
go for that world outside The its mission is

realmente bela, e eu estou contente, e
really beautiful and I am satisfied and

julgo-me feliz."
judge myself happy

O papel foi empacotado, e lançado para uma
The paper was packaged and launched to a
(thrown) (in)

estante.
book case

"Depois do trabalho é agradável o descanso,"
After of the work is agreeable the rest

pensou ele. "É neste isolamento que a gente
thought he (It) is in this isolation that the people

71

aprende | a | conhecer-se. | Só | de | hoje | em | diante
learn | to | know themselves | Only | from | today | in | forward

é | que | eu | sei | o | que | contenho, | e
(it) is | that | I | know | it | what | contents | and
 | | | | | | (makes happy) |

conhecermo-nos | a | nós | mesmo | é | a | verdadeira
to know us | to | our | selves | is | the | true

perfeição. | Que | me | irá | ainda | acontecer?
perfection | What | me | will go | still | to happen

Progredir, | está | claro."
Progress | (that) is | clear

Passados | tempos, | o | papel | foi | atirado | ao | fogão
Passed | times | the | paper | went | thrown | at the | stove
 | (the time) | | | | | | (fire)

para | o | queimarem, | porque | o | que | o | não
for | it | (they) birn | because | it | that | him | not

queriam | vender | ao | merceeiro | para | embrulhar
(they) wanted | to sell | to the | merchant | for | to wrap

açúcar. | E | todas | as | crianças | da | casa | se
sugar | And | all | the | children | of the | house | themselves

puseram à roda; queriam vê-lo arder, e
set at the wheel (they) wanted to see it burn and
around

ver também, depois da labareda, os milhares de
to see also after of the flame the thousands of

faíscas vermelhas, que parecem fugir, e se
sparks red that seemed to flee and themselves

apagam instantaneamente uma após outra. O
extinguished instantly one after (the) other The

maço inteiro de papel foi atirado ao lume. Oh!
mass entire of paper was thrown on the fire Oh
(stack)

como ele ardia! Tornara-se numa grande
how he burned (he) turned himself in a great

chama, que se erguia tão alto, tão alto como o
flame that itself rose so high so high as the

linho nunca erguera as suas flores azuis; a peça
flax never arose the its flowers blue the piece

de pano nunca tinha tido um brilho semelhante.
of cloth never had had a shine similar

Todas   as   letras,   durante   um   segundo,   se
All   the   letters   during   a   second   themselves

tornaram   vermelhas: todas   as   palavras,   todas   as
turned   red   all   the   words   all   the

ideias   desapareceram   em   línguas   de   fogo.
ideas   disappeared   in   tongues   of   fire

"Vou   subir   até   ao   sol;"   dizia   uma   voz   no
(I) go   climb   until   to the   sun   said   a   voice   in the

meio   da   labareda,   que   pareciam   mil   vozes
middle   of the   flaming   that   seemed   thousand   voices

reunidas   numa   só.   A   chama   saiu   pela
reunited   in one   only   The   flame   came out   by the

chaminé,   e   no   meio   dela   volteavam   pequeninos
chimney   and   in the   middle   of it   turned   small

seres   invisíveis   para   os   olhos   do   homem.
beings   invisible   to   the   eyes   of the   man

Eram   tantos   quantos   tinham   sido   as   flores   que
(They) were   as   many   had   been   the   flowers   that

o linho tinha dado. Mais leves que a chama, de
the flax had given More light that the flame of
(than)

quem eram filhos, quando ela se extinguiu,
which (they) were children when she itself extinguished

quando não restava do papel senão a cinza
when nothing remained of the paper if-not the ash
(but)

negra, ainda eles dançavam sobre essa cinza, e
black still they danced over that ash and

formavam, tocando-a, pequeninas centelhas
formed touched it small sparks

encarnadas.
red

As crianças cantavam à roda da cinza
The children sang at the wheel of the ash

inanimada:
inanimate

"Cric, crac! cric, crac! crac!"
Creak crack creak crack crack

"Acabou-se! acabou-se! acabou-se!"
Finished–itself   finished itself   finished itself
  (It's over)   (it's over)   (it's over)

Mas cada um dos pequeninos seres dizia: "Não,
But   each   one of the   tiny   beings said   No

não se acabou; agora é que é o melhor
not itself finished   now (it) is that (it) is the best

da festa. Sei-o, e julgo-me feliz."
of the   feast (I) know it and (I) feel myself happy
      (party)

As crianças não puderam ouvir, nem compreender
The   children   not   could   hear   nor   understand

estas palavras; mas também não era necessário,
these   words   but   also   not (it) was   necessary

porque as crianças não devem saber tudo.
because the children not must know everything
                (have to)

O valente soldado de chumbo

O valente soldado de chumbo
The brave soldier of lead

Era uma vez vinte e cinco soldados de
(There) was one time twenty and five soldiers of
twentyfive

chumbo, todos irmãos, por todos terem nascido
lead all brothers for all had born

da mesma colher de chumbo. Vede-os: que
from the same spoon of lead See yourself that

atitude marcial, de espingarda ao ombro, olhar
attitude martial of shotgun to the shoulder stare
(rifle)

fixo, e ricos uniformes azuis e vermelhos! A
fixed and rich uniforms blue and red The

primeira coisa que ouviram neste mundo, quando
first thing that (they) heard in this world when

se levantou a tampa da caixa em que eles
itself opened the lid of the box in that they

estavam, foi este grito: "Olha soldados de
were was this shout Look soldiers of

chumbo!" que soltou um rapazito, batendo as
lead that uttered a little boy beating the
(clapping)

palmas de alegria. Tinham-lhos dado de presente
palms of joy (They) had them given of present
(hands) (as)

no dia dos anos, e o seu divertimento era
on the day of the years and the his amusemant was

formá-los sobre a mesa, em linha de batalha.
to form them on the table in line of battle
(to set them up)

Todos os soldados se pareciam
All the soldiers themselves seemed

maravilhosamente uns com os outros, exceto
wonderfully (the) ones like the others except

um, que tinha uma perna de menos, porque o
one that had a leg of less because him

tinham deitado na forma em último lugar, e
(they) had laid in the form in (the) last place and

já não havia chumbo suficiente. Apesar deste
already not had lead sufficient In spite of this
(there was) (enough)

defeito, os outros não estavam mais firmes nas
defect the others not were more firm on the

duas pernas do que ele na sua única, e é
two legs of it that he on the his one and (it) is

este o que precisamente nos interessa.
this one it that precisely us interests

Sobre a mesa em que os nossos soldados
On the table in that the our soldiers

estavam formados havia mil outros
were formed had (a) thousand other
(there were)

brinquedos, mas o mais bonito de todos, era um
toys but the most pretty of all was a

lindíssimo castelo de papel. Pelas suas
very beautiful castle of paper Through the its

pequeninas janelas via-se-lhe o interior dos
tiny windows saw itself you the interior of the

salões. À volta era circundado duma floresta
halls At the turn (it) was surrounded of a forest
Around it (by a)

em miniatura, que se refletia poeticamente num
in miniature that itself reflected poetically on a

pedaço de espelho que fingia um lago, onde
piece of mirror that pretended a lake where
(functioned as)

nadavam pequeninos cisnes de cera. Tudo isto era
swam tiny swans of wax All this was

encantador, mas não tanto como uma menina que
enchanting but not so much as a girl that

estava à porta, e que era também de papel,
was at the gate and that was also from paper

vestida com um lindo vestido de cassa, apertado
dressed with a beautiful dress of cloth tight

com um cinto de fivela azul. A menina tinha os
with a belt of buckle blue The girl had the
blue buckled belt

braços arqueados, porque era dançarina, e
arms   arched   because   (she) was   (a) dancer   and

tinha uma perninha levantada a tal altura, que o
had   a   little leg   raised   at   such   height   that   the

soldado de chumbo não a podia ver, e imaginou
soldier   of   lead   not   it   could   see   and   imagined

que, como ele, não tinha senão uma perna.
that   like   him   not   (she) had   if-not   one   leg

'Ali está a mulher que me convém,' pensou ele,
There   is   a   woman   that   me   suits   thought   he

'mas é uma grande fidalga. Mora num
but   (she) is   a   great   noblewoman   (She) lives   in a

palácio, eu numa caixa em companhia de vinte e
palace   I   in a   box   in   company   of   twenty   and

quatro camaradas, e não haveria cá lugar para
four   comrades   and   not   would be   there   place   for

ela. No entanto preciso conhecê-la.'
her   In the   meanwhile   (I) must   know her

Deitou-se **atrás** **duma** **caixa** **de** **tabaco,** **e**
(He) let himself behind of a box of tobacco and

dali **podia** **ver** **à** **sua** **vontade** **a** **elegante**
from there could see at -the- his will the elegant
(ease)

dançarina, **que** **estava** **sempre** **num** **pé** **só,** **sem**
dancer that was always on one foot only without

perder **o** **equilíbrio.**
to loose the balance

À **noite** **todos** **os** **outros** **soldados** **foram**
At -the- night all the other soldiers were

metidos **na** **caixa,** **e** **as** **pessoas** **da** **casa**
put in the box and the persons of the house
(people)

foram **deitar-se.** **Apenas** **os** **brinquedos**
went to lie down themselves Hardly the toys

perceberam **isto,** **começaram** **a** **divertir-se,**
(had) perceived this (they) started to amuse themselves

fizeram **guerras,** **e** **a** **final** **deram** **um** **baile.** **Os**
made wars and at final gave a ball The

soldados de chumbo mexiam-se, e
soldiers of lead moved themselves and

remexiam-se na sua caixa, porque
moved themselves again in -the- their box because

queriam lá ir; mas como haviam eles tirar
(they) wanted there to go but how had them to pull

a tampa? O quebra-nozes começou a dar
the lid The nutcracker began to give (make)

cabriolas e saltos mortais, o lápis traçou
gambols and jumps somersaults deadly the pencil traced

mil arabescos fantásticos numa lousa,
(a) thousand arabesques fantastic on a blackboard

enfim o barulho tornou-se tal que o canário
finally the noise turned itself so that the canary

acordou, e pôs-se a cantar. Os únicos que
noticed and set himself to sing The only ones that

estavam quietos eram o soldado de chumbo e
were silent were the soldier of lead and

a dançarinazinha. Ela no bico do pé, e ele
the little dancer She on the tip of the foot and he

numa perna só, a espreitá-la.
on one leg only at peering at her
while spying on her

Deu meia noite, e zás, a tampa da caixa de
(It) gave middle night and flash the lid of the box of

rapé levanta-se, e em lugar de rapé, saiu um
snuff lifted itself and in stead of snuff exited a

feiticeirinho preto. Era um brinquedo de
little sorcerer black (It) was a toy of
little black sorcerer

surpresa.
surprise

"Soldado de chumbo," disse o feiticeiro, "trata de
Soldier of lead said the sorcerer try -of-

olhar para outro sítio."
to look to other site
elsewhere

Mas o soldado fez que não ouvia.
But the soldier made that notthing (he) heard
(pretended) (as if)

"Espera até amanhã, e verás o que te
Wait until tomorrow and (you) will see it that you

acontece," continuou o feiticeiro.
happens continued the sorcerer

No dia seguinte, quando os pequenos se
On the day next when the little ones themselves

levantaram, puseram o soldado de chumbo à
arose (they) set the soldier of lead at the

janela, mas de repente ou por influência do
window but of sudden either by influence of the
suddenly

feiticeiro ou por causa do vento caiu à rua
sorcerer or by cause of the wind (he) fell to the street

de cabeça para baixo. Que tombo! Ficou com
-of- head -to- down What fall (He) remained with

a perna no ar, o peso do corpo todo sobre
the leg in the air the weight of the body all on

a barretina, e com a baioneta enterrada entre
the little beret and with the bayonet entered between

duas   lajes.
two   slabs

A   criada   e   o   rapazito   foram   lá   abaixo
The   servant   and   the   little boy went   there   down

procurá-lo,   mas   estiveram   quase   a   esmagá-lo,
to look for him but   (they) were almost to   crush him

sem   darem   por   ele.   Se   o   soldado   tivesse
without   (that they) give for   him   If   the   soldier   had
            that they noticed

gritado: "Cautela!"   te-lo-íam   achado,   mas   ele
shouted   Careful   you-him-went   found   but   he

julgou que   seria   desonrar   a   farda.   A   chuva
judged that   seriously   to dishonor   the   uniform   The   rain

começou   a   cair   em   torrentes,   e   tornou-se   num
began   to   fall   in   torrents   and   turned itself   in a

verdadeiro dilúvio.   Depois   do   aguaceiro   passaram
true   flood   After   of the shower   passed

dois   garotos.
two   big boys
        (street kids)

"Olá!" disse um deles, "um soldado de chumbo por
Hello said one of them a soldier of lead -for-

aqui! Vamos fazê-lo navegar."
here (We) go make him navigate
(Let us) (sail)

Construíram um barco dum bocado de jornal
(They) constructed a boat from an bit of newspaper

velho, meteram o soldado de chumbo dentro, e
old put the soldier of lead inside and

obrigaram-no a descer pelo regato abaixo. Os
forced him to descend by the stream to below The

dois garotos corriam ao lado, e davam grito
two boys ran at the side and gave shout(s)
(uttered)

de prazer. Que ondas! Santo Deus! Que força de
of pleasure What waves Saintly God What power of

corrente! Mas também tinha chovido tanto! O
current But also (it) had rained so much The

barco jogava duma maneira horrorosa, mas o
boat played of a manner horrible but the
(swayed)

soldado de chumbo conservava-se impassível, com
soldier of lead conserved himself impassive with
(remained)

os olhos fixos e a espingarda ao ombro.
the eyes fixed and the shotgun at the shoulder
(rifle)

De repente o barco foi levado para um cano,
Of sudden the boat was taken to a pipe
Suddenly

onde era tão grande a escuridão como na caixa
where was so great the darkness as in the box

dos soldados.
of the soldiers

"Onde irei eu parar?" pensou ele. "Foi o
Where will go I stop thought he (It) was the

tratante do feiticeiro que me meteu nestes
deed of the sorcerer that me put in these

trabalhos. Se, apesar de tudo, aquela linda
works If in spite of everything that beautiful
(troubles)

menina estivesse no barco, não importava,
girl was on the boat nothing mattered

ainda que a escuridão fosse duas vezes maior."
even that the darkness was two times bigger
(if)

Dali a pouco apresentou-se um enorme rato
From there to little presented itself an enormous rat

de água; era um habitante do cano.
of water (it) was an inhabitant of the pipe

"Venha, o teu passaporte."
Come (on) -the- your passport

Mas o soldado de chumbo não disse nada, e
But the soldier of lead not said nothing and

agarrou com mais força na espingarda. O
gripped with more force -on- the shotgun The
(rifle)

barco continuava o seu caminho, e o rato
boat continued -the- its road and the rat

perseguia-o, rangendo os dentes, e gritando às
followed it grinding the teeth and shouting at the

palhas, e aos cavacos: "Façam-no parar,
straws and to the chips Make him stop

façam-no parar! Não pagou a passagem, não
make him stop Not (he) paid the ticket not

mostrou o passaporte."
(he) showed the passport

Mas a corrente era cada vez maior, o soldado
But the corrent was each time bigger the soldier

via já a luz do dia, e sentia ao mesmo
saw already the light of te day and felt at the same

tempo um barulho capaz de assustar o homem
time a noise capable of to frighten the man
(a)

mais valente. Havia na extremidade do cano
more courageous (It) had on the extreme end of the pipe
(There was)

uma queda de água tão perigosa para ele, como é
a stay of water so dangerous for him as is
(fall)

para nós uma catarata. Aproximava-se dela cada
for us a cataract Approached himself of it each
(large fall)

vez mais, sem poder parar, com uma rapidez
time more without to be able to stop with a speed

vertiginosa. O barco lançou-se sobre a queda
dizzying *The* *boat* *launched itself* *on* *the* *fall*

de água, e o pobre soldado firmava-se o mais
of *water* *and* *the* *poor* *soldier* *firmed himself* *the* *most*

possível, e ninguém se atreveria a dizer que
possible *and* *no one* *himself* *dared* *to* *say* *that*

o tinha visto fechar os olhos com o susto.
it *had* *seen* *close* *the* *eyes* *with* *the* *fright*

O barco, depois de ter andado à roda
The *boat* *after* *of* *to have* *gone* *to the wheel around*

durante muito tempo, encheu-se de água, e
during *much* *time* *filled itself* *of* *water* *and*

estava a ponto de naufragar. A água já
was *at* *point* *of* *to shipwreck* *The* *water* *already*

chegava ao pescoço do soldado, e o barco
filled *to the* *neck* *of the* *soldier* *and* *the* *boat*

afundava-se cada vez mais. O papel desdobrou-se,
sank itself *every* *time* *more* *The* *paper* *unfolded itself*

e   a   água   passou   por   cima   da   cabeça   do
and   the   water   passed   for   top   of the   head   of the

nosso   herói.   Nesse   momento   supremo,   pensou
our   hero   In that   moment   supreme   (he) thought

na   gentil   dançarinazinha,   e   pareceu-lhe   ouvir
on the   gentle   little dancer   and   seemed him   to hear
(of the)   (he seemed)

uma   voz   que   dizia:
a   voice   that   said

"Soldado: o   perigo   é   enorme,   a   morte
Soldier   the   danger   is   enormous   and   death

espera-te."
awaits you

O   papel   rasgou-se,   e   o   soldado   passou   através
The   paper   tore itself   and   the   soldier   passed   through

dele.   Nesse   momento   foi   devorado   por   um   grande
of it   In that   moment   was   devoured   by   a   large

peixe.
fish

Lá é que era escuro, ainda mais que dentro
There is that (it) was dark even more that inside
(than)

do cano. E além disso, que talas em
of the pipe And besides of that what splints in
(nasty situation)

que ele estava metido! Mas, sempre intrépido, o
that he was put But always intrepid the

soldado estendeu-se ao comprido com a
soldier stretched himself at the length with the

espingarda ao ombro.
shotgun at the shoulder
(rifle)

O peixe mexia-se e remexia-se, dava saltos de
The fish moved itself and removed itself gave jumps of
(moved) (stirred)

meter medo, até que enfim parou, e pareceu
to put fright until that finally (it) stopped and (it) seemed

que o atravessava um relâmpago. Apareceu a luz
that it (it) passed a lightning Appeared the light

do dia, e alguém exclamou:
of the day and someone exclaimed

"Olha um soldado de chumbo!"
See a soldier of lead

O peixe tinha sido pescado, exposto na praça,
The fish had been fished exposed on the square

vendido, e levado para a cozinha, e a
sold and taken to the kitchen and the

cozinheira tinha-o aberto com uma enorme faca.
cook had it opened with an enormous knife

Pegou no soldado de chumbo com dois dedos,
(She) took -in- the soldier of lead with two fingers

e levou-o para a sala, onde toda a gente
and took it to the room where all the people

quis admirar esse homem extraordinário, que
wanted to admire that man extraordinary that

tinha viajado na barriga dum peixe. No
had traveled in the belly of a fish -In the-

entretanto, o soldado não se sentia orgulhoso.
meanwhile the soldier not himself felt proud

Colocaram-no em cima da mesa, e ali tanto
(They) placed him in top of the table and there so much

é verdade que acontecem coisas extraordinárias
is true that happen things extraordinary

neste mundo achou-se na mesma sala, de
in this world (he) found himself in the same room of

cuja janela tinha caído. Reconheceu os pequenos
which window (he) had fallen (He) recognized the little ones

e os brinquedos que estavam em cima da
and the toys that were in top of the

mesa, o lindo palácio, e a adorável dançarina
table the beautiful palace and the adorable dancer girl

sempre de perna no ar. O soldado de chumbo
always of leg in the air The soldier of lead

ficou tão comovido, que de boa vontade teria
became so touched that of good will had

derramado lágrimas de chumbo, mas não era
poured tears of lead but not (it) was

conveniente. Olhou para ela, ela olhou para ele,
convenient (He) looked at her she looked at him

mas não disseram uma palavra um ao outro.
but not (they) spoke a word (the) one to the other

De repente um dos pequenos pegou nele, e
Of sudden one of the little ones caught -on- him and

sem motivo algum deitou-o no fogão; eram
without motive any left him on the stove (they) were

obras do feiticeiro da caixa do rapé.
(the) works of the sorcerer of the box of the snuff

O soldado de chumbo lá estava perfilado,
The soldier of lead there was lined up

alumiado por um clarão sinistro, e sofrendo um
illuminated by a brightness sinister and suffering a

calor terrível. Todas as cores lhe tinham
heat terrible All the colors him had

desaparecido, sem que se pudesse dizer, se
disappeared without that himself (he) could say if

era por causa das suas viagens, ou por causa
(it) was for cause of the his travels or for cause

dos seus desgostos. Continuava a olhar para a
of the his annoyances (He) continued to look at the

dançarina, que também olhava para ele.
little dancer that also looked at him

Sentia-se derreter, mas, sempre intrépido,
(He) felt himself to melt but always intrepid

conservava a espingarda ao ombro. De repente
kept the shotgun at the shoulder Of sudden
(rifle)

abriu-se uma porta, o vento arremessou a
opened itself a door the wind hurled the

dançarina ao fogão para junto do soldado,
dancer to the stove -to- together of the soldier
(with the)

que desapareceu no meio das labaredas. O
that disappeared in the middle of the flames The

soldado de chumbo, já não era mais que uma
soldier of lead already not was more that a
(than)

pequena massa informe.
small   mass   informal
(without form)

No   dia seguinte, quando a criada veio   tirar
On the day   next   when   the servant came to remove

a   cinza,   encontrou   um objeto que tinha o
the   ash   (she) encountered   an   object that   had   the

feitio dum pequeno coração de chumbo, e   tudo
shape of a   small   heart   of   lead   and   all

o que restava   da   dançarina era a fivela   do
it   that remained of the   dancer girl was a buckle of the

cinto azul que o lume tinha enegrecido.
belt blue that the fire   had   blackened

Os animais agradecidos

Os animais agradecidos
The   animals   thankful

Um rei, que viajava   nos   seus estados, encontrou
A   king   that   traveled in -the-   his   estates   encountered

uma vez um homem a quem perguntou como
one   time   a   man   to whom   (he) asked   how

se   chamava, de donde era, e que ofício
himself (he) called from where (he) was and what   job

tinha.   Este   respondeu:
(he) had This (one)   answered

"Senhor: eu sou um desgraçado, um   miserável;
Sir   I   am   a   disgraced (one)   a   miserable (one)
                        (a wretch)

nasci   no   vosso   reino,   e   chamo-me
(I) was born   in -the-   your   kingdom   and   call myself

'Ingratidão'."
Ingratitude

"Se pudesse contar com a tua fidelidade," disse
If (I) could count with -the- your faithfulness said
                   (on)

o rei, "tomava-te ao meu serviço."
the king (I) took you to the my service
       (I would take you)(in the)

O nosso homem prometeu ser fiel, e o rei
-The- our man promised to be faithful and the king

ordenou-lhe que o seguisse.
ordered him that him (he) followed

Desde que chegaram a palácio, deu tais
From that (they) arrived at (the) palace (he) gave such

provas de habilidade, mostrou-se tão esperto e
proves of (his) skill showed himself so smart and

tão solícito, que o rei afeiçoou-se-lhe de tal
so solicitous that the king affectioned himself to him of such
                                             (in)

modo, que o nomeou seu intendente,
manner that him (he) named his intendent

confiando-lhe a administração da sua casa.
entrusting him the administration of -the- his house

Deslumbrado por uma fortuna tão rápida, o seu
Dazzled by a fortune so swift -the- his

orgulho desde então não conheceu limites;
pride from then not knew limits

maltratava os inferiores, e não tinha compaixão
(he) mistreated the subordinates and not had compassion

dos desventurados.
for the unfortunates
(those less fortunate)

Ora, na vizinhança do palácio havia uma
Now in the vicinity of the palace had a
(there was)

floresta cheia de animais selvagens e
forest full of animals wild and

perigosíssimos. O intendente mandou aí fazer
very dangerous The intendent sent there to make

por toda a parte covas profundas, cobertas com
for all the part holes deep covered with
everywhere

folhas, de   modo   que   as   feras,   caindo   dentro,
leaves   of   manner that the beasts   falling   inside

pudessem ser agarradas. Um dia que o intendente
could   be   caught   One day that the intendent

atravessava   a   floresta,   ia   tão   absorvido
traversed   the forest   (he) went so   absorbed

pelos   seus   pensamentos orgulhosos, que   se
by -the- his   thoughts   proud   that   himself

precipitou ele mesmo dentro duma   das   covas.
fell   he   self   inside of one of the holes

Passado   um instante, caiu um leão dentro do
(There) passed an instant   fell a   lion inside of the

mesmo poço; caiu   depois um lobo e   em seguida
same   pit   fell   after   a   wolf and in followed
                                                 subsequently

uma enorme   serpente, de aspeto   horroroso. O
an   enormous snake   of aspect   horrible   The
                              which looked

governador, ao   ver-se   em tão   extraordinária
governor   at the to see himself in such extraordinary

companhia,   ficou   tão   horrorizado,   que   lhe
company   remained   so   horrified   that   him

embranqueceram os cabelos; e toda a esperança
whitened   the   hairs   and   all   the   hope

de   salvação   lhe   parecia   inteiramente   perdida,
of   salvation   him   seemed   entirely   lost

porque   por   mais   que   gritasse,   ninguém   o   vinha
because   for   more   that   (he) shouted   no one   him   came
   how ever much

socorrer.
to rescue

Esqueceu-nos   de   dizer   que   havia   na   cidade
Forgot-us   -of-   to say   that   had   in the   city
(It was forgotten)   (there was)

um   homem   extremamente   pobre,   chamado   António,
a   man   extremely   poor   called   Antonio

que   todos   os   dias   ia   rachar   lenha   à   floresta,
that   all   the   days   went   to split   firewood   at the   forest
     (in the)

para   ganhar   o   pão   necessário   à   sua   mulher
for   to earn   the   bread   necessary   to -the-   his   wife

e aos seus filhos. António também lá foi
and to -the- his children Antonio also there was

nesse dia, como de costume, e pôs-se a
in that day like of usual and set himself to

trabalhar não longe da cova em que caíra o
work not far from the hole in that fell the

intendente, cujos gritos de aflição não tardou
intendent whose screams of afflication not (he) delayed

a ouvir. O pobre rachador aproximou-se e
to hear The poor cutter approached himself and

perguntou, quem era que estava ali.
asked whom (it) was that was there

"Sou o governador do palácio do rei, e, se
(I) am the governor of the palace of the king and if

me tirares daqui, prometo encher-te de
me (you) pull from here (I) promise to fill you of
                                                    (with)

riquezas; estou em companhia dum leão, dum lobo
riches (I) am in company of a lion of a wolf

e   duma enorme serpente."
and of an enormous   snake

"Eu," respondeu o   lenhador, "sou um miserável
I   answered   the lumberjack am   a   miserable

jornaleiro, não tendo para sustentar a   minha
day-worker   not having   to   sustain   -the-   my

família, mais que o   produto do meu trabalho;
family   more that the product of my   work
           (than)

bastava um dia perdido para me causar um grande
is enough one day lost   for me to cause a   great
          (incidental)

desarranjo; vê lá   pois, se cumpres a   tua
disarray   see there then if (you) fulfil the your

promessa?"
promise

O intendente continuou:
The   intendent   continued

"Pela fé que devo a Deus e a el-rei nosso
By the faith that (I) have to God and to the-king our

senhor, juro-te que cumprirei a minha
lord (I) swear you that (I) will accomplish -the- my

palavra."
word

Confiado nisto o rachador de lenha foi à
Trusting in this the cutter of wood went to the

cidade, e voltou com uma corda muito comprida,
city and returned with a rope very long

que deixou correr dentro do abismo. O leão
that (he) let run inside of the abyss The lion

atirou-se a ela, e suspendeu-se com uma tal
threw himself at her and suspended herself with a such
(it)

energia que o lenheiro julgava que era o
energy that the woodcutter judged that (it) was the
(thought)

intendente.
intendent

Quando chegou acima, o leão agradeceu ao
When (it) arrived on top the lion thanked -to- the

seu salvador com a maior amabilidade, e
his savior with the greatest kindness and

foi-se embora à procura de jantar, porque
went himself away to the acquisition of dinner because

tinha fome.
(he) had hunger
(he was hungry)

António deitou outra vez a corda ao fundo
Antonio let (an)other time the rope to the bottom

do poço, e, julgando tirar o governador,
of the pit and judging to pull the governor

enganou-se, porque era o lobo; à terceira
mistook himself because (it) was the wolf to the third

vez subiu a serpente; foi necessário fazer
time climbed up the snake (it) was necessary to make

uma quarta tentativa, para sair o governador.
a fourth attempt for to exit the governor

Este não perdeu tempo em agradecimentos, e
This one not lost time in thanks and

partiu a correr para o palácio. O jornaleiro
left to run to the palace The day-worker

voltou para casa, e contou à mulher tudo o
returned to house and told to the wife all it
      home

que se tinha passado, não lhe esquecendo, é
that himself had passed not her forgetting (it) is
      (was)

claro, as brilhantes promessas do intendente.
clear the brilliant promises of the indendent

No dia seguinte logo pela manhã, foi o pobre
On the day next then by the morning went the poor

homem bater à porta do palácio. O
man to knock at the door of the palace The

porteiro perguntou-lhe o que queria.
doorman asked him it that (he) wanted

"Faça-me o favor," respondeu o rachador, "de
Do me the favor answered the cutter of

dizer a s.ex.ª o intendente que o homem
to tell to his excellency the intendent that the man

com	quem	ele	esteve	ontem	na	floresta	lhe
with	whom	he	was	yesterday	in the	forest	him

deseja	falar."
desires	to speak

O	porteiro	foi	levar	o	recado,	mas	o
The	doorman	went	to bring	the	message	but	the

intendente	zangou-se,	e	exclamou:
intendent	angried-himself	and	exclaimed
	(got angry)		

"Vai	dizer	a	esse	homem,	que	eu	não	vi	ninguém
Go	say	to	that	man	that	I	not	saw	no one

na	floresta;	que	se	ponha	a	andar,	porque
in the	forest	that	himself	puts	to	go	because

o	não	conheço."
him	not	(I) know

O	porteiro	voltou,	e	repetiu	o	que	o
The	doorman	returned	and	repeated	it	that	the

governador	lhe	tinha	dito.
governor	him	had	said

O   pobre   homem   tornou   para casa   mui
The   poor   man   returned   to house   very
                               home

descorçoado,   e   contou   à   mulher   a   odiosa
disheartened   and   told   to the   wife   the   odious

perfídia de que tinha sido vítima.
perfidy   of   that   (he) had   been   victim

A   mulher disse-lhe:
The   woman   told him

"Tem   paciência;   o   sr.   intendente   estava   hoje
Have   patience   the   sir   intendent   was   today

decerto   muito   ocupado,   e   foi   talvez por isso
for certain   very   occupied   and   (it) was   maybe   for   that

que te não pôde receber."
that   you   not   (he) could   receive

Estas palavras sossegaram o rachador que outra
These   words   pacified   the   cutter   that   (an)other

vez nutriu esperanças.
time   nursed   hopes

Na manhã seguinte, ainda muito cedo, bateu
In the morning following still very early (he) knocked

de novo à porta do palácio. Mas o
of new at the door of the palace But the
again

intendente mandou-lhe dizer em termos ásperos,
intendent ordered him to tell in terms harsh
(told)

que não tornasse ali a aparecer, quando não
that not (he) return there to appear when not
(he should return)

ver-se-ia obrigado a empregar meios
to see-himself-went obliged to employ means

violentos. A mulher ainda desta vez procurou
violent The wife still of this time tried

consolá-lo:
to console him

"Experimenta terceira e última vez," disse-lhe ela,
Try (a) third and last time told him she

"talvez Deus o inspire melhor. E se assim não
maybe God him inspires (to) better And if such not

for, ainda que te custe, não penses mais nisso."
be   even that you (it) costs not (you) think more on it

No   dia seguinte o bom   do   homem voltou
On the day   next   the good -of the- man   returned

à   carga; e tendo o porteiro consentido à
to the task and keeping the doorman consented to the

força de suplicas em   anunciá-lo   ainda ao
force of beggings in to announce him still to the

governador,   este   encolerizado   atirou-se
governor   this one   angried   pulled himself

praguejando fora do   quarto, e crivou   o
swearing   out from the room and pelted the

pobre homem duma tal chuva de bengaladas, que
poor man   of a such rain of   canes   that

o   deixou quase morto no   meio   do   chão. A
him (it) left almost dead on the middle of the ground The

mulher dele, sabendo disto, correu imediatamente
woman of him knowing of this ran   immediately

com um burro, pôs-lhe em cima o marido, e
with a donkey put it in top the husband and

levou-o para casa: As feridas levaram-lhe seis
carried him to house The wounds took him six

meses a curar, estando sempre de cama,
months to cure being always of bed (in)

vendo-se obrigado a contrair dividas para pagar
seeing himself obliged to contract debt for to pay

ao médico. Quando finalmente tinha recobrado
to the medic When finally (he) had recovered

algumas forças, voltou ao bosque segundo
some forces (he) returned to the forest according to
(strength)

o costume para fazer alguma lenha. Apenas lá
the habit to make some firewood Hardly there

chegou, apareceu-lhe o leão, que ele tinha
arrived appeared him the lion that he had

ajudado a sair do poço. O leão conduzia um
helped to exit from the pit The lion led a

burro diante de si, e este burro estava
donkey in front of himself and this donkey was

carregado de sacos cheios de preciosidades. O
loaded of sacks full of precious objects The

leão, vendo António, parou e inclinou-se diante
lion seeing Antonio stopped and inclined-himself before

dele com um ar de respeitoso agradecimento.
of him with an air of respectful appreciation

Depois disto continuou o seu caminho,
After of this (he) continued the his road

fazendo-lhe sinal de que ficasse com o jumento.
making him signal of that (he) stay with the donkey

António doido de alegria levou o animal para
Antonio crazy of joy brought the animal to

casa, abriu os sacos, e viu que estava rico.
house opened the sacks and saw that (he) was rich

No dia seguinte, voltando de novo à floresta,
On the day next returning of new to the forest
again

apareceu-lhe o lobo, que o ajudou no seu
appeared to him the wolf that him helped in -the- his

trabalho, querendo provar-lhe desta maneira o
work wanting to show him of this manner the
(in this)

quanto lhe era agradecido. Quando a tarefa
much him (he) was thankful When the task

estava concluída, e tinha carregado o burro com
was complete and having loaded the donkey with

a lenha, viu vir ao seu encontro a
the firewood (he) saw come -to- the his encounter the
towards him

serpente, que ele tinha tirado do fosso, e
snake that he had pulled from the ditch and
(pit)

que trazia na ponta da língua uma pedra
that carried on the point of the tongue a stone
(tip)

preciosa, em que brilhavam três cores, o branco,
precious in that shone three colors the white

o preto e o vermelho. Quando a serpente
the black and the red When the snake

chegou **ao** **pé** **do** **rachador** **de** **lenha,** **deixou**
arrived at the feet of the cutter of firewood (he) let

cair **a** **pedra** **junto** **dele,** **e** **depois** **dando** **um**
fall the stone next of him and after giving a

salto **desapareceu** **no** **matagal.** **António** **levantou**
jump (he) disappeared in the scrub Antonio took

a **pedra,** **examinou-a** **por** **todos** **os** **lados,** **para**
the stone examined it for all -the- sides to
(on)

ver **que** **propriedade** **ou** **virtude** **ela** **teria.** **Para**
see what property or virtue it would have For

isto **foi** **ter** **com** **um** **velho,** **afamado** **pela**
this (he) went to have with an old man famous for -the-

sua **habilidade** **em** **decifrar** **o** **que** **diziam** **os**
his ability in to decipher it that said the

astros. **Este,** **assim** **que** **viu** **a** **pedra,**
stars This one as soon that (he) saw the stone
(as)

ofereceu-lhe **por** **ela** **uma** **grande** **quantia.** **António**
offered him for her a great sum Antonio
(it)

respondeu-lhe que a não queria vender, mas
answered him / that / to (for) / nothing / (he) wanted / to sell / but

simplesmente saber se seria boa.
simply / to know / if / (it) would be / good

O velho respondeu:
The / old man / answered

"São três as virtudes desta pedra: abundância
Are / three / the / virtues / of this / stone / abundance

contínua, alegria imperturbável e luz sem
continuous / joy / undisturbed / and / light / without

trevas. Se alguém ta comprar por menos dinheiro
darkness / If / anyone / you / to buy / for / less / money

do que vale, tornará imediatamente para
of it / that / (it) is worth / (it) will return / immediately / to

a tua mão."
-the- / your / hand

António ficou muito contente com esta resposta,
Antonio / was / very / happy / with / this / answer

agradeceu ao velho da ciência maravilhosa,
thanked -to- the old man of the science wondrous

e correu a contar à mulher a sua
and ran to tell to the wife -the- his

felicidade. Como se imagina, graças à virtude
happiness As oneself imagines thanks to the virtue
you might imagine

da famosa pedra, não lhe faltaram daí em
of the famous stone nothing him lacked from there in

diante, nem honras nem riquezas.
forward neither honors nor riches

Tendo chegado aos ouvidos do rei a notícia
Having arrived to the ears of the king the notice

destas prosperidades, mandou chamar António, e
of these prosperities (he) ordered to call Antonio and

mostrou-lhe desejos de adquirir o precioso
showed him desires of to acquire the precious

talismã.
talisman

António, vendo que semelhante desejo era uma
Antonio seeing that similar desire was an

ordem, respondeu:
order answered

"Devo prevenir a vossa majestade de que, se
(I) must warn -the- your majesty of that if

esta pedra me não for paga pelo que vale,
this stone me not is paid for that what (it) is worth

tornará ela mesma para o meu poder."
will return she itself to -the- my power
      (it)   (possession)

"Hei de pagar-ta bem," disse o rei.
Have of to pay you well said the king

E mandou-lhe dar trinta mil libras em
And (he) ordered him to give thirty thousand pounds in

oiro. No dia seguinte de manhã, António
gold On the day next of (the) morning Antonio

achou outra vez a pedra em cima da mesa;
found (an)other time the stone in top of the table

e   a   mulher sabendo isto disse-lhe:
and the   wife   knowing   this   told him

"Torna a levá-la   ao   rei imediatamente; não vá
Return   to bring it to the king   immediately   not goes

ele   persuadir-se   que lha furtaste."
it   to persuade himself that   it   (you) stole

O   nosso homem seguiu este conselho, e, quando
And   our   man   followed this   counsel   and   when

chegou   à   presença   de   sua   majestade,
(he) arrived at the   presence   of   his   majesty

pediu-lhe que lhe dissesse aonde tinha guardado
(he) asked him that him (he) tell   where (he) had   kept

a   pedra preciosa.
the precious   stone

"Mandei-a meter com todo o cuidado dentro dum
(I) Ordered it to put with all   the   care   inside of a

cofre de ferro, fechado com sete chaves, disse o
vault of iron   closed   with seven   keys   said   the

rei."
king

António mostrou-lhe então a joia preciosa, e o
Antonio showed him then the jewel precious and the

rei ficou extraordinariamente espantado, e quis
king became extraordinarily amazed and wanted

saber como ele tinha adquirido semelhante
to know how he had acquired similar
(such)

tesouro.
treasure

António contou-lhe tudo que tinha havido, a
Antonio told him all that had happened the

ingratidão do governador e o reconhecimento
ungratefulness of the governor and the recognition
(appreciation)

dos animais ferozes. O rei indignado, mandou
of the animals fierce The king became indignant ordered
wild animals

chamar o seu intendente, e disse-lhe:
to call -the- his intendent and told him

"Homem perverso, com justo motivo te
Man — perverse — with — just — motive — you
(wicked) — (righteous) — (reason)

puseram o nome de 'Ingratidão', porque és
(they) put — the — name — of — Ungrateful — because — (you) are
(they have given)

mais falso e mais pérfido que os
more — false — and — more — perfidious — than — the

animais ferozes, e pagaste com o mal o bem
animals — fierce — and — (you) paid — with — the — evil — the — good
wild animals

que te fizeram. Mas justiça será feita. Dou a
that — you — (they) did — But — justice — will be — done — Give — to

António as tuas honras e os teus bens, e a
Antonio — -the- — your — honors — and — -the- — your — goods — and — to
(titles)

ti, hoje mesmo, o castigo de seres enforcado."
you — today — same — the — punishment — of — being — hanged

Admiraram todos a sentença do rei, e António
Admired — all — the — sentence — of the — king — and — Antonio
All admired

desempenhou as suas altas funções com tanta
performed — -the- — his — high — functions — with — so much
(duties)

sabedoria e bondade, que depois da morte
knowledge and goodness that after -of- the death

do rei foi escolhido para o substituir, e
of the king (he) was chosen to him substitute and
(replace)

reinou pacificamente durante longos anos
(he) ruled peacefully during long years

gloriosos.
glorious

www.ingramcontent.com/pod-product-compliance
Lightning Source LLC
LaVergne TN
LVHW011334080426
835513LV00006B/345